Tris

Adaptation par **Christine Durand**

Activités par **Anne Rousset**

Illustrations d'**Alida Massari**

Rédaction : Sarah Negrel, Cristina Spano
Direction artistique et conception graphique : Nadia Maestri
Mise en page : Gloriana Conte
Recherches iconographiques : Laura Lagomarsino

© 2008 Cideb

Première édition : juillet 2008

Crédits photographiques :
Archives Cideb ; The Granger Collection, New York : page 5 ; ©
Ellen Rooney / Robert Harding World Imagery / CORBIS :
page 20 ; ORION / WARNER BROS / Album : page 68 ; ©
Archivio Iconografico S. A. / CONTRASTO : page 76 (avec
l'autorisation du Hampshire County Council).

Vous trouverez sur le site blackcat-cideb.com (espace étudiants
et enseignants) les liens et adresses Internet utiles pour
compléter les dossiers et les projets abordés dans le livre.

Pour toute suggestion ou information, la rédaction peut être
contactée à l'adresse suivante :
info@blackcat-cideb.com

The Publisher is certified by

CISQCERT

in compliance with the UNI EN ISO 9001:2000
standards for the activities of 'Design, production,
distribution and sale of publishing products.'
(certificate no. 04.953)

ISBN 978-88-530-0899-2   livre + CD

Imprimé en Italie par Litoprint, Gênes

Sommaire

Le texte est intégralement enregistré.

 Ce symbole indique les exercices d'écoute et le numéro de la piste.

 Les exercices qui présentent cette mention préparent aux compétences requises pour l'examen.

L'histoire de
Tristan et Iseut

L'histoire de Tristan et Iseut se déroule au XIIe siècle, à l'époque du roi Arthur et des chevaliers de la Table ronde. L'histoire se passe en Cornouailles et en Irlande, mais à la fin de l'histoire, Tristan se rend en France, plus exactement en Bretagne. Tous ces lieux appartiennent au monde celtique.

L'histoire de Tristan et Iseut est l'une des plus célèbres du Moyen Âge. C'est une ancienne légende et comme toutes les anciennes légendes, elle a été traitée par de nombreux écrivains au cours des siècles.

Les versions les plus célèbres sont celles de l'écrivain allemand Gottfried de Strasbourg et celle de l'écrivain anglais Sir Thomas Malory (1405 environ-1471), qui a écrit toute une série d'histoires sur le roi Arthur et ses chevaliers, sous le titre *Le Morte d'Arthur*.

L'histoire de Tristan et Iseut est aussi reprise en musique, dans la peinture et au cinéma. Entre 1857 et 1859, le compositeur allemand Richard Wagner compose l'opéra *Tristan und Isolde*, l'une des plus importantes œuvres musicales du XIXe siècle. Il existe aussi de nombreux films qui racontent cette histoire. Le plus récent est un film américain, *Tristan & Yseult* (2006), réalisé par Kevin Reynolds et interprété par James Franco et Sophia Myles.

Production écrite et orale

1 Pour la promotion du film de 2006, on a employé cette phrase : « Avant Roméo et Juliette, il y a eu Tristan et Iseut ». Connaissez-vous d'autres couples d'amoureux célèbres ?

Les nations celtiques (1623).

Personnages

De gauche à droite : **Morhout, Iseut aux Blanches Mains, le roi Marc, Tristan, Iseut, la reine d'Irlande, le roi Gormond, Brangaine.**

Avant de lire

1 Les mots suivants sont utilisés dans le chapitre 1. Associez chaque mot à l'image correspondante.

a un luth *lute*
minstrel
b un ménestrel
castle
c un château

d une lance *spear*
e un chevalier *knight*
f une épée *sword*

g une bataille *battle*
h un cheval *horse*
i un roi *king*

1 h 2 a 3 e
4 h 5 b 6 c
7 d 8 f 9 i

CHAPITRE 1

The Minstral

Le ménestrel

A winter's evening King Arthur & his knights

n soir d'hiver, le roi Arthur et ses chevaliers

are seated at the round table in the castle

sont assis à la Table ronde dans le château

of Camelot. Suddenly a young man enters

de Camelot. Soudain, un jeune homme entre

the huge hall. He is tall he has

dans l'immense salle. Il est grand, il a les

brown & black & sad eyes

cheveux bruns et les yeux noirs et tristes.

His clothes are worn but clean He

Ses vêtements sont usés, mais propres. Il

carries a lute under his arm.

porte un luth sous le bras.

Welcome to Camelot young man said King Arthur You are

— Bienvenue à Camelot, jeune homme, dit le roi Arthur. Tu es

minstral

ménestrel ?

Yes Sir said the young man

— Oui, Sire, dit le jeune homme.

Where do you come from asked King Arthur

— D'où viens-tu ? demande le roi Arthur.

I come from Cornwall replied the minstral

— Je viens de Cornouailles, répond le ménestrel.

Well said King Arthur We really like the minstrels

— Bien, dit le roi Arthur. Nous aimons beaucoup les

& their stories Tell us a beautiful story of

ménestrels et leurs histoires. Raconte-nous une belle histoire de

valiant knights & beautiful ladies

preux chevaliers et de belles dames.

Do you know the story of Tristan of Loonois ? asked one of

— Connais-tu l'histoire de Tristan de Loonois ? demande l'un

the knights

des chevaliers.

Yes I know it replied the minstrel Tristan of Loonois

— Oui, je la connais, répond le ménestrel. Tristan de Loonois

is a valiant knight but his story is very sad

est un preux chevalier, mais son histoire est très triste.

Tristan et Iseut

— Assieds-toi et raconte, dit le roi Arthur.

Le ménestrel s'assoit sur un tabouret et commence à raconter l'histoire de Tristan au roi et aux chevaliers. Il parle, il joue du luth et il chante. Voici l'histoire qu'il raconte.

Pendant des années, il y a eu des guerres entre la Cornouailles et l'Irlande. Souvent, les Irlandais naviguaient sur la mer de Cornouailles et l'attaquaient. Les batailles étaient terribles et beaucoup de gens mouraient.

Le roi Marc de Cornouailles voulait la paix, mais les Irlandais ne la voulaient pas. Le roi ne savait pas quoi faire. Un jour, il demande à son cousin, le roi Rivalin de Loonois, de l'aider.

— Aide-moi à battre les Irlandais et tu pourras épouser ma très belle sœur, dit le roi Marc à son cousin.

— Les Irlandais sont aussi mes ennemis, dit le roi Rivalin. J'accepte de t'aider. Ensemble, nous pouvons gagner, et j'épouserai ta très belle sœur.

Le roi Rivalin et le roi Marc combattent ensemble et gagnent la guerre contre les Irlandais. Le roi Rivalin épouse la sœur du roi Marc et ils reviennent au château de Loonois. Ils s'aiment tendrement et ils sont très heureux, mais leur bonheur ne dure pas. Un an plus tard, le roi Rivalin est tué pendant une bataille. Au même moment, la reine met au monde un enfant, mais elle meurt peu de temps après. Avant de mourir, elle appelle son serviteur, Rouaut.

— Rouaut, je vais mourir, dit la jeune et belle reine. Prends mon enfant et appelle-le Tristan. Son prénom signifie *tristesse*. Veille sur lui et aime-le comme ton fils. Lorsqu'il sera devenu un homme, il doit aller voir mon frère, le roi Marc de Cornouailles. Il l'aidera.

Tristan et Iseut

Rouaut et sa femme aiment le petit Tristan comme leur propre fils et ils veillent sur lui. Tristan devient un garçon fort et courageux. Il apprend à se servir d'une épée et d'une lance et à monter à cheval. Il apprend aussi à jouer du luth et à parler d'autres langues.

Tristan est devenu un homme. Il quitte donc Loonois et va en Cornouailles chez son oncle. Le roi Marc vit dans un château à Tintagel. Tristan entre dans la grande salle du château.

— Sire, je suis votre neveu, Tristan de Loonois.

— Tristan, mon neveu ! dit le roi Marc. Bienvenue à Tintagel ! Voici ta nouvelle maison. Je suis vraiment content de te voir. Mes chevaliers et moi, nous allons t'apprendre beaucoup de choses et tu deviendras un grand chevalier.

Au château, tout le monde souhaite la bienvenue à Tristan. Le jeune homme est heureux avec son oncle qui l'aime comme son propre fils. Il devient un grand et célèbre chevalier et participe à beaucoup de batailles. Le peuple de Cornouailles admire son courage, sauf quelques chevaliers et quelques nobles qui sont jaloux de lui car il est le chevalier préféré du roi Marc.

Un jour, Morhout d'Irlande arrive au château de Tintagel. C'est un homme gigantesque au visage sombre et aux mains puissantes.

— C'est le roi Gormond d'Irlande qui m'envoie, dit-il d'une voix solennelle. Comme tous les cinq ans, je viens chercher son tribut [1]. Tu dois lui envoyer trente nobles garçons qui deviendront ses serviteurs. Si tu refuses, le roi Gormond attaquera la Cornouailles.

---

1. **Un tribut** : ce qu'un État vainqueur imposait de payer à un État vaincu en signe de soumission.

Tristan et Iseut

what scream Kg Mat   30 noble boys
— Quoi ? crie le roi Marc. Trente nobles garçons !

You must obey Kg Gormod said Morhout or the one of
— Tu dois obéir au roi Gormond, dit Morhout, ou alors un de
your knights must fight me   If your knight wins
tes chevaliers doit se battre contre moi. Si ton chevalier gagne,
you do not have to pay the tribute to the king. But no one wants to
tu ne devras pas payer le tribut au roi. Mais personne ne veut se
fight me   I am the strongest & everyone is afraid of
battre contre moi ! Je suis le plus fort et tout le monde a peur de
me !
moi !

No one speaks   but Tristans face is red with anger
Personne ne parle, mais le visage de Tristan est rouge de
colère.

I will fight with you   Morhout says Tristan You do not
— Je me battrai avec toi, Morhout ! dit Tristan. Tu ne me fais
scare me
pas peur !

Everyone is surprised & looks at Tristan
Tout le monde est surpris et regarde Tristan.

No Trista   do not fight with him   He is too tall &
— Non, Tristan, ne te bats pas avec lui ! Il est trop grand et
too strong say king Marc   You cannot win   he will kill you
trop fort, dit le roi Marc. Tu ne peux pas gagner ! Il va te tuer.

No Uncle Marc   says Tristan   I am a Cornish knight
— Non, oncle Marc, dit Tristan. Je suis un chevalier de
& I can beat him
Cornouailles et je peux le battre.

Morhout looks at the young man & laughs   Tristan is
Morhout regarde le jeune homme et se met à rire. Tristan est
much smaller & leaner than him
beaucoup plus petit et maigre que lui.

Meet up in a week on the small island opposite the
— Rencontrons-nous dans une semaine sur la petite île en
the castle   says Morhout   Come alone little morning (early)
face du château, dit Morhout. Viens seul, tôt le matin.
Tristan looks at Morhout right in the eyes & says to him
Tristan regarde Morhout droit dans les yeux et lui dit :
I will be there
— J'y serai.

Compréhension écrite et orale

DELF ❶ Écoutez attentivement l'enregistrement du chapitre, puis cochez la bonne réponse.

1 Le ménestrel vient
   a ☑ de Cornouailles.
   b ☐ d'Irlande.
   c ☐ de Camelot.

2 Le ménestrel raconte l'histoire
   a ☐ du roi Arthur.
   b ☐ du roi Marc.
   c ☑ du chevalier Tristan de Loonois.

3 Le roi Marc et le roi Rivalin
   a ☑ gagnent la bataille contre les Irlandais.
   b ☐ perdent la bataille contre les Irlandais.
   c ☐ refusent de se battre contre les Irlandais.

4 Lorsqu'il est devenu un homme, Tristan va chez
   a ☑ son oncle, le roi Marc de Cornouailles.
   b ☐ le serviteur Rouaut.
   c ☐ le roi Gormond d'Irlande.

5 Tristan devient
   a ☐ le roi de Cornouailles.
   b ☑ un grand et célèbre chevalier.
   c ☐ le ménestrel du roi Marc.

6 Le roi Marc doit
   a ☑ donner trente nobles au roi Gormond d'Irlande.
   b ☐ se battre contre le roi Gormond d'Irlande.
   c ☐ tuer le roi Gormond d'Irlande.

7 Tout le monde est surpris car Tristan
   a ☑ refuse de se battre contre Morhout.
   b ☐ accepte de se battre contre Morhout.
   c ☐ a peur de Morhout.

2 Lisez attentivement le chapitre, puis associez chaque personnage à la phrase correspondante.

1 ☐ Il est le chevalier préféré du roi Marc.
2 ☐ Il veille sur Tristan et l'aime comme son propre fils.
3 ☐ Il accueille le ménestrel dans le château de Camelot.
4 ☐ Il vient chercher le tribut du roi Gormond d'Irlande.
5 ☐ Tristan est son chevalier préféré.
6 ☐ Il se bat contre les Irlandais avec le roi Marc.

| A Le roi Arthur | B Tristan | C Le roi Marc |
| D Le roi Rivalin | E Rouaut | F Morhout |

Enrichissez votre **vocabulaire**

1 Retrouvez dans le chapitre le contraire des mots suivants.

1 sale   p _ _ _ _ _ _
2 la paix   la _ u _ _ _ _
3 gros   _ a _ _ _ _
4 ami   _ _ _ _ m _
5 minuscule   g _ _ _ _ t _ _ _ _ _

16

2 Complétez les phrases avec les mots proposés.

> neveu   tante   petite-fille   père   grand-mère
>
> sœur   mère   mari

1   Léa est la fille de Laurent. Laurent est le .... de Léa.

2   Benjamin est le frère de Marie. Marie est la .... de Benjamin.

3   Julien est l'oncle de Romain. Romain est le .... de Julien.

4   André est le grand-père de Marine. Marine est la .... d'André.

5   Nicolas est le neveu de Virginie. Virginie est la .... de Nicolas.

6   Alice est la petite-fille d'Anne. Anne est la .... d'Alice.

7   Chloé est la fille d'Alexandra. Alexandra est la .... de Chloé.

8   Julie est la femme de David. David est le .... de Julie.

3 Trouvez l'adjectif ou le nom qui compose chaque prénom.

1   Justine   ....

2   Constance   ....

3   Séverine   ....

4   Victor   ....

5   Clémence   ....

6   Richard   ....

Production écrite et orale

DELF **1** Présentez votre famille.

2 Imaginez que vous êtes Tristan. Vous écrivez à Rouaut pour lui raconter votre vie au château de Tintagel.

La Cornouailles
et les pays celtes

Le peuple celte… hier

Ce magnifique comté se trouve dans le sud-ouest de l'Angleterre. Le promontoire appelé *Land's End* (en français, *fin des terres*) est le point le plus à l'ouest d'Angleterre.

Découvrons tout d'abord les anciens peuples de Cornouailles, les Celtes. Ils arrivent en Europe centrale en 1200 av. J.-C. Ils parcourent toute l'Europe et s'établissent en Grande-Bretagne et en Irlande à partir du Ve siècle av. J.-C. Ils vivent en Cornouailles, mais, en 43 av.

Un paysage typique de la Cornouailles :
la côte rocheuse et les mines d'étain aujourd'hui fermées.

J.-C., les Romains envahissent le comté. Après le départ des Romains, les Celtes redeviennent importants en Cornouailles. C'est à cette époque que l'histoire de Tristan et Iseut se répand. Au IXe siècle, les Anglo-Saxons prennent le pouvoir en Cornouailles, mais la culture celte se perpétue.

...et aujourd'hui...

Aujourd'hui, la Cornouailles, avec l'Irlande, l'Écosse, le pays de Galles, la Bretagne et l'île de Man (située entre l'Irlande du Nord et le nord de l'Angleterre), fait partie de la ligue celtique. L'objectif de cette ligue est

Une croix celtique.

de développer la coopération politique et culturelle entre ces six territoires. Les différentes langues des nations celtiques dérivent toutes de la langue celte. Les dernières personnes qui parlaient exclusivement le cornique, le dialecte celtique, sont mortes en 1777. Cependant, aujourd'hui encore, beaucoup de personnes connaissent le nom cornique de la Cornouailles, *Kernow*. Des centaines de noms de lieu et de famille commencent par *Tre-*, *Pol-* ou *Pen-*, des mots qui signifient *ville* (ou *ferme*), *lac* et *tête*.

L'économie

Autrefois, l'étain était la principale ressource économique du comté qui fournissait également la Grande-Bretagne. Au XXe siècle, il devient plus facile et moins cher d'extraire ce métal en Malaisie. La dernière mine d'étain de Cornouailles ferme en 1998. Actuellement, l'économie cornique est principalement basée sur l'agriculture,

Les ruines du château de Tintagel où, selon la légende, a vécu le roi Arthur.

l'extraction de minerai (c'est le premier producteur de kaolin en Europe) et le tourisme. Chaque année, cinq millions de touristes environ visitent la Cornouailles. Ils viennent pour admirer ses magnifiques paysages, sa côte et ses plages.

Compréhension écrite

1 Lisez attentivement le dossier, puis répondez aux questions.

1 Où se trouve le comté de Cornouailles ?
2 À partir de quand les Celtes se sont-ils établis en Grande-Bretagne et en Irlande ?
3 Qui a envahi la Cornouailles en 43 av. J.-C. ?
4 Après l'arrivée des Anglo-Saxons, la culture celte a-t-elle disparu ?
5 Qui fait partie de la ligue celtique ?
6 Quel est le but de cette ligue ?
7 Aujourd'hui, parle-t-on encore le dialecte celtique ?
8 Quelles sont les principales ressources économiques de la Cornouailles ?

2 Placez les noms sur la carte.

la Cornouailles   l'Irlande   l'Écosse
le pays de Galles   l'île de Man

CHAPITRE **2**

Morhout

Une semaine plus tard, Morhout arrive sur l'île et pousse son bateau sur la plage. Lorsque Tristan arrive, il éloigne son bateau de la plage.

— Pourquoi éloignes-tu ton bateau ? demande Morhout. Tu en auras besoin quand tu décideras de t'enfuir.

Tristan le regarde courageusement et dit :

— Je ne m'enfuirai pas car je n'ai pas peur de toi. Souviens-toi : un seul homme quittera l'île vivant !

Morhout rit et soulève sa grande épée. Tristan soulève aussi son épée et le combat commence. Tristan est jeune et agile et il se déplace rapidement. Morhout est lent et lourd, mais il est très fort. Tristan saute à droite, puis à gauche et bientôt Morhout est fatigué. Mais il continue à se battre. Le combat dure plusieurs heures.

Soudain, Morhout frappe la jambe de Tristan avec sa grande épée.

— Il y a du poison dans mon épée, dit Morhout en riant. Si tu

Morhout

If you do not find someone to heal you, you will die. And very few people know how to treat this wound.

ne trouves pas quelqu'un pour te soigner, tu vas mourir. Et très peu de personnes savent soigner cette blessure.

Tristan, en colère, soulève sa lourde épée, frappe le heaume de Morhout et le blesse gravement à la tête. Un petit morceau de l'épée de Tristan se brise et reste planté dans la tête du chevalier. Le géant irlandais tombe par terre, presque mort.

Le soir, les hommes de Morhout arrivent sur l'île. Ils sont très surpris de voir le chevalier par terre, blessé. Ils mettent Morhout sur leur bateau et le ramènent en Irlande, où il meurt. Sa sœur, la reine d'Irlande, est très triste car elle aime beaucoup son frère. Elle retire le petit morceau d'épée de la tête de Morhout et le place dans un coffret bleu, dans sa chambre.

« Un jour, je vengerai mon frère, je retrouverai l'homme qui l'a tué ! » pense-t-elle.

Tristan revient au château de Tintagel, mais il est très malade à cause de sa blessure. Le roi Marc appelle les meilleurs médecins de Cornouailles, mais ils ne peuvent pas l'aider.

— Tristan doit aller en Irlande pour soigner sa blessure, dit un vieux médecin, puisque le poison vient de là-bas. La reine d'Irlande connaît tout sur les poisons et les herbes. Elle peut le guérir.

— Tristan doit immédiatement partir pour l'Irlande, dit le roi Marc. Préparez un navire !

Tristan s'habille comme un ménestrel et prend le nom de Tantris car il ne veut pas que quelqu'un découvre son identité. Il joue du luth et chante merveilleusement bien. Les Irlandais aiment beaucoup ses chansons.

Un jour, le roi Gormond entend le ménestrel et le fait venir au château.

23

Tristan et Iseut

Le roi Gormond et la reine ont un seul enfant, la princesse Iseut. Elle a de longs cheveux blonds, d'immenses yeux bleus et un très beau sourire. C'est la plus belle jeune fille du royaume ! Tout le monde parle de sa beauté. Le roi veut qu'Iseut joue du luth, mais il n'y a pas de bons maîtres en Irlande.

Tantris entre dans la grande salle du château avec son luth. Il marche lentement à cause de sa blessure.

— Tu es le célèbre ménestrel Tantris ? demande le roi Gormond.

— Oui, répond Tristan.

— Qu'est-ce que tu as à la jambe ? demande le roi.

— J'ai été blessé pendant une terrible bataille, dit Tristan.

— On dit que tu joues du luth merveilleusement bien, dit le roi Gormond. Joue quelque chose pour moi.

Tristan joue du luth et chante une belle chanson. Le roi est très content.

— Peux-tu apprendre à ma fille Iseut à jouer du luth ? demande le roi.

— Bien sûr ! répond Tristan.

— Très bien, dit le roi. Tu peux rester au château. La reine va soigner ta blessure avec des herbes spéciales, et toi, tu vas apprendre à jouer du luth à Iseut.

— Merci, Sire, dit Tristan.

« Heureusement que tout le monde croit que je suis un ménestrel ! pense Tristan. Ma jambe va guérir et je vais pouvoir rentrer en Cornouailles. »

Compréhension écrite et orale

DELF **1** Écoutez attentivement l'enregistrement du chapitre, puis dites si les affirmations suivantes sont vraies (V) ou fausses (F).

		V	F
1	Tristan a peur de Morhout.	☐	☐
2	Le combat dure longtemps.	☐	☐
3	L'épée de Morhout est empoisonnée.	☐	☐
4	Tristan perd le combat.	☐	☐
5	La reine d'Irlande est la sœur de Morhout.	☐	☐
6	La reine d'Irlande veut venger Morhout.	☐	☐
7	Le roi Gormond et la reine d'Irlande ont trois enfants.	☐	☐
8	Tristan apprend à Iseut à jouer du luth.	☐	☐

2 Lisez attentivement le chapitre, puis répondez aux questions.

1 À qui appartient le morceau d'épée planté dans la tête de Morhout ?
2 Pourquoi Tristan va-t-il en Irlande ?
3 Pourquoi Tristan ne veut-il pas que quelqu'un découvre son identité ?
4 Que demande le roi Gormond à Tristan ?

Grammaire

Le futur proche

En français, le futur proche est souvent utilisé à la place du futur pour indiquer :

• une action qui se situe dans un futur très proche.
  *La reine **va soigner** ta blessure.*
• une action située dans un futur lointain (dans ce cas-là, on l'emploie surtout à l'oral).
  *Ma jambe **va guérir** et je **vais pouvoir** rentrer en Cornouailles.*

Il peut également indiquer une action prévisible.
  *Attention, tu **vas tomber** !*

Il se forme avec le verbe **aller** au présent de l'indicatif suivi de l'infinitif du verbe.
  *Tu **apprends** à Iseut à jouer du luth.*
  → *Tu **vas apprendre** à Iseut à jouer du luth.*

26

1 Mettez les phrases au futur proche.

1 Cet été, je pars en Irlande.

....

2 Cet après-midi, on regarde la finale de Roland Garros.

....

3 Nous jouons au rugby à quatre heures.

....

4 Tu manges chez tes grands-parents ce soir ?

....

2 Écrivez une phrase pour chaque image en employant un verbe au futur proche.

....

....

Enrichissez votre **vocabulaire**

1 Associez chaque mot à l'image correspondante.

2 **a** un heaume   1 **c** un coffret   5 **e** une plage

4 **b** un navire   6 **d** du poison   3 **f** des jambes

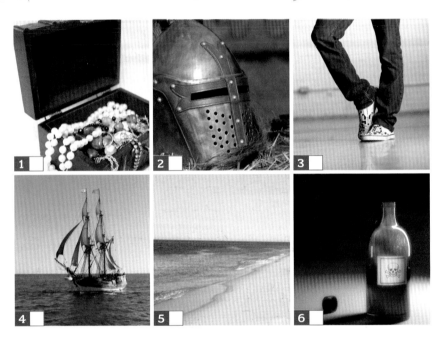

2 Associez chaque verbe à son ou ses synonyme(s).

1 ☐ s'enfuir *flee*   **a** guérir *cure*

2 ☐ se briser *break*   **b** enlever, ôter *take off*

3 ☐ soigner *treat*   **c** laisser, abandonner *let*

4 ☐ retirer *remove*   **d** s'échapper *escape*

5 ☐ quitter *to leave*   **e** se rompre, se casser *break*

6 ☐ se souvenir *remember*   **f** se rappeler *remember*

PROJET **INTERNET**

Les preux chevaliers

Rendez-vous sur le site www.blackcat-cideb.com.

Cliquez ensuite sur l'onglet *Students*, puis sur la catégorie *Lire et s'entraîner*. Choisissez enfin votre niveau et le titre du livre pour accéder aux liens du projet Internet.

A **Cliquez sur la rubrique « Les Chevaliers », puis dites si les affirmations suivantes sont vraies (V) ou fausses (F).**

	V	F
1 Les chevaliers doivent protéger les riches et les infidèles.	☐	☐
2 Ils doivent connaître parfaitement l'art militaire.	☐	☐
3 Le futur chevalier est très souvent un noble.	☐	☐
4 Le futur chevalier est confié à un protecteur à l'âge de quatorze ans.	☐	☐

B **Cliquez sur la rubrique « Les Armes », puis associez chaque arme à ses vertus.**

1 ☐ l'épée   a la prudence, la piété
2 ☐ la lance   b la justice, l'honneur
3 ☐ l'écu   c l'espérance, l'intelligence
4 ☐ les gantelets   d la bravoure, la puissance
5 ☐ la cuirasse   e la foi, le conseil
6 ☐ le casque   f la charité, la sagesse

C **Cliquez sur la rubrique « Devenir Chevalier », puis dites quels sont les principaux apprentissages d'un futur chevalier.**

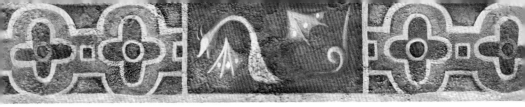

CHAPITRE **3**

Le dragon

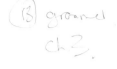

ristan reste en Irlande, au château du roi
Gormond. Sa jambe guérit et il apprend à
Iseut à chanter et à jouer du luth. Pendant les
leçons, il pense :

« Iseut est vraiment très belle ! »

Tristan et Iseut deviennent amis : ils rient
et parlent souvent ensemble. Un an plus tard, Tristan rentre en
Cornouailles. Le roi Marc est très content de revoir son neveu.
Chaque jour, Tristan lui parle d'Iseut et de sa grande beauté.

— Iseut est la plus belle jeune fille du monde ! Elle a les
cheveux couleur de l'or et les yeux couleur de la mer. Elle est
gentille et généreuse, elle joue du luth merveilleusement bien et
elle chante avec une voix très douce.

Le roi Marc écoute Tristan et dit :

— Iseut est la seule fille du roi Gormond. Elle est belle, gentille
et généreuse… Si je l'épouse, il y aura la paix entre nos deux
pays.

Les chevaliers et les nobles sont d'accord avec le roi, mais il y
a un problème.

Le dragon

— Sire, comment ferez-vous pour épouser la princesse Iseut ? Vous savez bien que le roi et la reine d'Irlande vous détestent parce que Morhout a été tué ici, en Cornouailles.

Le roi Marc réfléchit un instant, puis il dit :

— Je veux épouser Iseut. Nous devons trouver un moyen...

Tristan sait ce que veut son oncle.

— Oncle Marc, dit-il, je sais que c'est une aventure pleine de dangers. Lorsque la reine d'Irlande découvrira qui je suis, elle sera très en colère. Elle déteste le chevalier qui a tué son frère Morhout. Mais je n'ai pas peur ! Je ramènerai Iseut, oncle Marc, et tu pourras l'épouser.

— Merci, Tristan. Tu es courageux et loyal, dit le roi Marc, mais tu dois faire très attention.

Tristan part pour l'Irlande dans un petit navire avec trente hommes.

« Je dois trouver un plan pour ramener Iseut au roi Marc » pense Tristan.

À cette époque, un terrible dragon vit en Irlande. Il tue beaucoup de gens et incendie les maisons et les arbres. Personne ne parvient à le tuer. Le roi Gormond est très inquiet et il ne sait pas quoi faire.

Un jour, il dit à ses nobles :

— L'homme qui tuera le dragon épousera ma fille Iseut !

En Irlande, tout le monde parle de cette histoire. Lorsque Tristan en entend parler, il décide de tuer le dragon pour ramener Iseut à son oncle. Il prend une lourde épée, une longue lance, un grand bouclier et part à cheval dans la vallée du dragon. Sur le chemin, il voit les corps des chevaliers qui ont essayé de tuer le monstre.

Tristan et Iseut

Soudain, Tristan aperçoit le dragon. Ce dernier a de longues dents blanches, des yeux rouges très méchants et une immense queue. Des flammes et de la fumée sortent de sa bouche.

« Quelle horrible créature ! » pense Tristan.

Il attaque le dragon et il combat pendant plus d'une heure. Finalement, Tristan tue le monstre avec sa longue lance. Il s'approche du dragon mort et ouvre sa grande bouche, puis il coupe sa langue et la met dans son sac.

« Cette langue prouvera que j'ai tué le dragon » pense-t-il.

Le dernier souffle du dragon est chaud et empoisonné. Soudain, Tristan se sent mal et il tombe par terre.

Un peu plus tard, Anguin le Rouge, le sénéchal [1] du roi, arrive dans la vallée du dragon. Il aime Iseut et il veut l'épouser, mais c'est un lâche et il a peur du dragon.

Lorsque le sénéchal voit le dragon mort, il pense :

« Quelle chance, quelqu'un a déjà tué le dragon ! Je vais dire au roi que je l'ai tué et épouser Iseut ! Mais je dois d'abord couper sa tête pour la montrer au roi. »

Il coupe la tête du dragon et l'amène au roi.

— Sire, dit-il, j'ai tué le dragon ! Regardez, voici sa tête. Maintenant, je peux épouser votre fille, la princesse Iseut.

Le roi sait que le sénéchal est un lâche et il a du mal à le croire. Pourtant, la tête du monstre est bien là, devant lui.

Quand la princesse Iseut entend ces mots, elle se met à pleurer désespérément.

— Qu'est-ce qui ne va pas, Iseut ? demande la reine.

1. **Le sénéchal** : sorte de ministre de l'Intérieur et de la Justice.

— Oh, mère, dit Iseut en larmes, je n'aime pas le sénéchal et je ne veux pas l'épouser.

— Ne pleure pas, ma fille, dit la reine. À mon avis, ce n'est pas le sénéchal qui a tué le dragon. Je sais peut-être comment découvrir la vérité...

Le soir, Iseut et la reine vont dans la vallée du dragon. Elles trouvent le dragon mort et Tristan allongé par terre.

— Regarde ! crie Iseut. C'est Tantris le ménestrel. Mais il est habillé en chevalier ! Je ne comprends pas !

Tristan entend la douce voix d'Iseut et bouge lentement la tête.

— Tu es Tantris ? demande la reine.

Il ouvre les yeux et dit :

— Oui, je suis Tantris.

— Pourquoi es-tu en Irlande ? demande la reine.

— Je suis venu en Irlande avec des marchands, dit-il.

— Tu as tué le dragon ? demande la reine.

— Oui. J'ai su qu'il y avait un terrible dragon dans votre pays et j'ai décidé de le tuer, dit Tristan.

La reine entend ces mots et sourit.

— Tantris, tu as fait une noble chose et tu as aidé notre pays. Le roi sera très content. Mais tu ne vas pas bien car le dragon t'a empoisonné. Viens avec nous au château et je te soignerai.

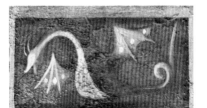

Compréhension écrite et orale

1 Écoutez attentivement l'enregistrement du chapitre, puis répondez aux questions.

1 Pourquoi le roi Marc veut-il épouser Iseut ?

2 Pourquoi le roi et la reine d'Irlande détestent-ils le roi Marc ?

3 Pourquoi Tristan va-t-il en Irlande ?

4 Pourquoi Tristan coupe-t-il la langue du dragon ?

5 Pourquoi le sénéchal veut-il tuer le dragon ?

DELF **2** Lisez attentivement le chapitre, puis cochez l'affirmation qui est fausse pour chaque personnage.

1 Tristan

    a ☐ Il est ami avec Iseut.

    b ☐ Il tue le dragon.

    c ☐ Il veut épouser Iseut.

2 La reine d'Irlande

    a ☐ Elle déteste le chevalier qui a tué son frère.

    b ☐ Elle pense que le sénéchal a tué le dragon.

    c ☐ Elle veut soigner Tristan.

3 Iseut

    a ☐ Elle apprend à chanter et à jouer du luth.

    b ☐ Elle doit épouser le sénéchal.

    c ☐ Elle aime le sénéchal.

4 Le dragon

    a ☐ Des flammes et de la fumée sortent de ses yeux.

    b ☐ Son souffle est empoisonné.

    c ☐ Il a de longues dents blanches.

Enrichissez votre **vocabulaire**

1 Associez chaque métier au trait de caractère correspondant.

a le courage   c la générosité   e la curiosité

b l'honnêteté   d la patience   f la créativité

1   **2**   **3**

4   **5**   **6**

2 Dites à quels personnages du chapitre correspondent les traits de caractère suivants, puis dites si ce sont des qualités (Q) ou des défauts (D).

		Q	D
1	La générosité	☐	☐
2	La loyauté	☐	☐
3	La lâcheté	☐	☐
4	La douceur	☐	☐
5	La malhonnêteté	☐	☐
6	La gentillesse	☐	☐
7	Le courage	☐	☐
8	La méchanceté	☐	☐

Grammaire

Le futur de l'indicatif

Il sert à indiquer une action qui se situe dans un futur proche ou lointain.

*Je **ramènerai** Iseut et tu **pourras** l'épouser.*

*Viens avec nous au château et je te **soignerai**.*

On forme le futur des verbes réguliers en **-er** et **-ir** en ajoutant les désinences **-ai, -as, -a, -ons, -ez, -ont** à l'infinitif du verbe.

parler : *je parler**ai**, tu parler**as**, il parler**a**, nous parler**ons**, vous parler**ez**, ils parler**ont**.*

finir : *je finir**ai**, tu finir**as**, il finir**a**, nous finir**ons**, vous finir**ez**, ils finir**ont**.*

Pour les verbes en **-re**, le **-e** final disparaît.

prendre : *je prend**rai***   mettre : *je mett**rai***

Pour les autres verbes, les terminaisons ne changent pas, mais ce sont les radicaux qui présentent des formes particulières.

être : *je **serai***
avoir : *j'**aurai***
aller : *j'**irai***
faire : *je **ferai***

pouvoir : *je **pourrai***
venir : *je **viendrai***
devoir : *je **devrai***
vouloir : *je **voudrai***

1 Complétez les phrases librement en employant le futur.

1 L'année prochaine, ...
....

2 La semaine prochaine, ...
....

3 Dans trois jours, ...
....

4 Dans dix ans, ...
....

2 Conjuguez les verbes au futur simple à la personne demandée pour compléter la grille de mots croisés.

Horizontalement

6 Verbe *ouvrir* à la deuxième personne du singulier.
8 Verbe *avoir* à la première personne du singulier.
9 Verbe *sortir* à la troisième personne du pluriel.
10 Verbe *faire* à la deuxième personne du pluriel.

Verticalement

1 Verbe *découvrir* à la troisième personne du singulier.
2 Verbe *vivre* à la deuxième personne du singulier.
3 Verbe *être* à la troisième personne du pluriel.
4 Verbe *épouser* à la première personne du pluriel.
5 Verbe *couper* à la première personne du singulier.
7 Verbe *soigner* à la deuxième personne du pluriel.

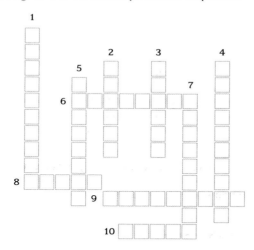

Production écrite et orale

DELF **1** Faites votre portrait moral. Dites quels sont vos principales qualités et vos principaux défauts.

DELF **2** Racontez ce que vous ferez le week-end prochain.

CHAPITRE 4

Le sénéchal du roi

Encore une fois, la reine d'Irlande soigne
Tristan avec ses herbes magiques. Une
semaine plus tard, Tristan va mieux et il se
rend dans la salle du château pour voir le roi
Gormond. Il y a un grand dîner organisé en
l'honneur du sénéchal. Le roi Gormond, la
reine, Iseut, les chevaliers, les nobles et leurs dames sont assis
autour d'une longue table.

Le sénéchal parle à ses amis et leur raconte sa lutte avec le
dragon.

— Le combat a été long et terrible, dit-il, mais je n'ai jamais eu
peur. J'étais très près du monstre vert et je le regardais dans ses
yeux rouges. J'ai vu ses longues dents blanches et senti son
souffle chaud sur mon visage. Je devais le tuer et je l'ai fait ! Puis,
j'ai coupé sa tête.

Le roi est silencieux, mais la reine veut parler. Elle regarde le
sénéchal et dit :

— Tu n'as pas tué le dragon. Tu as trouvé le dragon mort et tu
as coupé sa tête !

— Quoi ? dit le sénéchal, en colère.

Tristan se lève de son siège et dit haut et fort :

— J'ai tué le dragon avec ma lance après un long combat. Tu es un menteur et un lâche !

Le sénéchal se lève à son tour et dit :

Tout le monde sait que je suis un homme courageux. J'ai rapporté la tête du dragon au roi.

— Regarde dans la bouche du dragon ! dit la reine.

Le sénéchal ouvre la bouche du dragon et s'écrie :

— La langue n'est pas là !

— En effet, dit Tristan.

Tout le monde est surpris et regarde Tristan. Il ouvre son sac et sort la langue du dragon.

— Oh ! s'écrient les invités lorsqu'ils voient la langue. Menteur ! Lâche ! hurlent-ils au sénéchal.

— Tu es un menteur et un voleur ! dit le sénéchal en colère. J'ai tué le dragon et tu as volé sa langue ! Battons-nous et nous verrons qui épousera la princesse Iseut !

— Très bien, dit Tristan. Je vais me battre avec toi, Anguin le Rouge, et je vais gagner !

— Dans trois jours, nous organiserons un tournoi, dit le roi Gormond. Vous êtes tous invités. Le vainqueur épousera ma fille, Iseut.

Tout le monde commence à parler du tournoi et il y a une grande agitation dans la salle.

— Qui va gagner, selon toi ? demande un des nobles.

— Je ne sais pas, répond son ami, ils sont tous les deux jeunes et forts.

— Ce sera un grand combat, dit un chevalier.

— Et le vainqueur aura un très beau prix : la princesse Iseut !
dit une noble dame.

Le matin du tournoi, Tristan prépare son cheval. La reine apporte des herbes dans la chambre de Tristan, mais il n'est pas là. Sa grande épée est sur la table et elle la regarde.

« C'est bizarre, se dit-elle. Il manque un petit morceau. »

Elle pense immédiatement au petit morceau d'épée qu'elle a retiré de la tête de son frère.

« Oh, non ! pense-t-elle. C'est peut-être l'épée qui a tué mon frère ! »

Elle prend l'épée de Tristan et court dans sa chambre. Elle ouvre le coffret bleu et regarde l'épée de Tristan ;

« Le morceau appartient à la même épée. Je dois prévenir le roi et ma fille ! »

Elle va les voir et leur dit :

— Venez avec moi dans la chambre de Tantris.

Quand ils arrivent dans la chambre, la reine dit au roi :

— Tantris n'est pas un ménestrel ! C'est Tristan de Loonois, l'homme qui a tué votre beau-frère ! Regardez son épée !

Elle montre au roi l'épée de Tristan et le petit morceau dans le coffret.

— Vous avez raison, dit le roi, surpris. C'est bien l'épée qui a tué Morhout.

Le visage de la reine est rouge de colère.

— Je vais tuer Tristan avec cette épée !

— Non ! crie le roi. Tristan a tué votre frère et pour cela, il mérite la mort. Mais, il s'est battu loyalement. C'est un chevalier courageux et un homme bon. Allons parler avec lui.

Lorsque Tristan revient dans sa chambre, le roi et la reine lui demandent des explications et il leur raconte la vérité.

— Oui, je suis Tristan de Loonois. Mon oncle est le roi Marc de Cornouailles, un roi riche et important. Il m'a envoyé ici parce qu'il souhaite épouser Iseut et apporter la paix dans nos pays.

Le roi écoute Tristan et dit :

— Tu es venu en Irlande pour une bonne raison. Nous aussi, nous voulons la paix. Une alliance entre nos deux familles est une excellente idée.

— Mais..., dit la reine, Tristan a tué mon frère Morhout !

45

Tristan et Iseut

— Morhout était mon beau-frère et je l'aimais beaucoup, dit le roi. Mais nous devons oublier le passé et construire un avenir pour nos pays.

— Vous êtes un bon roi, dit Tristan.

La reine ne dit rien, puis elle regarde le roi et sourit.

— Le roi Marc est un grand roi et Iseut sera sa reine, la reine de Cornouailles. Elle sera heureuse avec lui.

— Mais il est beaucoup plus âgé que moi, dit Iseut.

— Le roi Marc n'est pas vieux, dit Tristan. Il est grand et beau et il n'est pas lâche comme le sénéchal. C'est un homme courageux.

Iseut regarde sa mère et demande :

— Je vais l'aimer, mère ?

— Oui, Iseut, tu apprendras à l'aimer, répond doucement la reine. Mais maintenant, Tristan doit gagner le combat. S'il perd, tu devras épouser le sénéchal.

— Je me battrai et je gagnerai, dit Tristan.

— Je t'en prie, gagne ce combat ! dit Iseut. Je ne veux pas épouser le sénéchal. C'est un menteur et un lâche !

Compréhension écrite et orale

1 Écoutez attentivement l'enregistrement du chapitre, puis cochez la bonne case.

1 Avec quoi la reine d'Irlande soigne-t-elle la blessure de Tristan ?

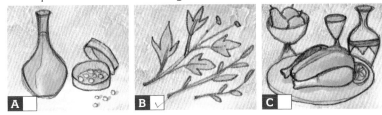

2 Qui est assis à la table lors du dîner organisé en l'honneur du sénéchal ?

3 Qui dit : « Tu n'as pas tué le dragon » ?

4 Comment Tristan a-t-il tué le dragon ?

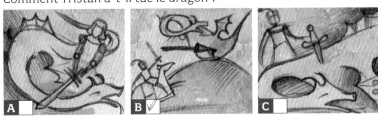

Enrichissez votre **vocabulaire**

1 Associez chaque couleur à l'image correspondante, puis complétez les expressions avec la couleur qui convient.

a rouge   c noir   e bleu
b vert   d jaune   f blanc

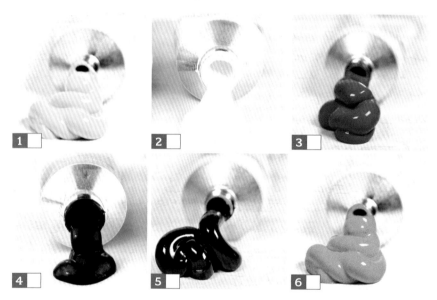

1. Être .... de peur. (vert / jaune / bleu)
2. Être .... de colère. (blanc / rouge / bleu)
3. Rire .... (rouge / jaune / bleu)
4. Être .... de jalousie. (vert / noir / bleu)
5. Broyer du .... (blanc / noir / bleu)
6. Avoir une peur .... (rouge / bleue / verte)
7. Être .... comme neige. (blanc / jaune / bleu)
8. Avoir la main .... (jaune / verte / blanche)

Avant de lire

1 Les mots suivants sont utilisés dans le chapitre 5. Associez chaque mot à l'image correspondante.

a	une armure	**d**	une bouteille	**g**	une étagère
b	applaudir	**e**	un cadeau	**h**	une coupe
c	un jardin	**f**	la tempête	**i**	une larme

CHAPITRE **5**

La bouteille verte

e tournoi commence en début d'après-midi et des centaines de personnes sont là pour y assister. Le roi Gormond, la reine et Iseut sont assis au premier rang. Iseut est très inquiète.

Tristan et le sénéchal portent des armures très lourdes. Le sénéchal a un cheval noir et Tristan un cheval blanc. Le sénéchal se bat courageusement parce qu'il veut absolument épouser Iseut, mais à la fin, Tristan le tue.

— Vive Tristan ! applaudit le peuple. Vive Tristan !

Tristan peut alors emmener Iseut au roi Marc.

La reine aime sa fille et elle veut son bonheur.

« Pour être heureuse, Iseut doit tomber amoureuse du roi Marc, pense-t-elle. Je vais préparer un philtre d'amour très puissant. Après avoir bu ce philtre, ils s'aimeront pour toujours. »

Elle va dans son jardin et ramasse des herbes magiques, puis elle se rend dans sa chambre secrète pour préparer le philtre. Lorsqu'il est prêt, elle appelle Brangaine, la dame de compagnie et amie d'Iseut.

— Écoute-moi attentivement, Brangaine, dit la reine. Tu iras avec Iseut en Cornouailles. Le navire part demain.

— Oui, ma reine, dit Brangaine. Je suis heureuse de partir avec Iseut.

— Le jour du mariage, tu dois donner cette bouteille verte à Iseut et au roi Marc. Dis-leur de boire cet excellent vin, c'est un cadeau porte-bonheur de ma part. Souviens-toi, Brangaine, ils doivent boire tous les deux. C'est le philtre d'amour le plus puissant du monde. Après l'avoir bu, leur amour sera immense et éternel. As-tu compris ?

— Oui, ma reine, dit Brangaine.

Elle quitte la chambre de la reine avec la bouteille verte dans les mains.

Le lendemain, le navire de Tristan quitte l'Irlande pour la Cornouailles. Le voyage en mer dure plusieurs jours. Il y a une tempête et Iseut reste dans sa cabine toute la journée. Elle est un peu triste parce qu'elle pense à sa mère et à son père. Tristan va la voir et il lui raconte l'histoire du roi Arthur et des chevaliers de la Table ronde. Iseut aime écouter ces histoires.

À cause de la tempête, Brangaine est malade et elle reste dans son lit.

Un soir, Tristan et Iseut jouent du luth et chantent. Tristan a soif.

— As-tu quelque chose à boire ? demande-t-il à Iseut.

— Brangaine a apporté cette bouteille de vin, répond la jeune fille, et elle lui montre une bouteille verte sur une étagère. Tu en veux ?

— Hum... oui, dit Tristan.

Iseut prend deux coupes en or et ils boivent le vin ensemble. Ils ne savent pas que c'est le philtre d'amour de la reine !

52

Tristan et Iseut

Maintenant, la bouteille verte est presque vide. Tristan et Iseut parlent et rient ensemble, mais bientôt quelque chose d'étrange leur arrive. Ils se regardent dans les yeux et ils tombent amoureux !

Le soir, la mer se calme et Brangaine se sent mieux. Elle va dans la cabine d'Iseut et voit immédiatement la bouteille vide et les deux coupes d'or. Mais Brangaine ne dit rien à Tristan et Iseut.

« C'est terrible, pense-t-elle, ils ont bu le philtre tous les deux. Ils seront malheureux jusqu'à leur mort ! Mais ils ne doivent jamais connaître la vérité. Oh, pourquoi est-ce arrivé ? »

Pendant la nuit, Brangaine prend la bouteille vide et la jette à la mer.

Le lendemain matin, Tristan va voir Iseut.

— Iseut, dit Tristan, il m'est arrivé quelque chose d'étrange cette nuit... Je crois que je suis amoureux de toi !

Iseut lui sourit et dit :

— Oh, Tristan, il m'est arrivé la même chose. Moi aussi, je suis amoureuse de toi !

Ils se regardent et s'embrassent.

— Notre amour est impossible, Tristan. Je dois épouser le roi Marc.

— Oui, je sais, dit Tristan, les larmes aux yeux. Le roi Marc est mon oncle et je l'aime comme mon propre père. Mais je t'aime plus que tout au monde, ma douce Iseut.

— Nous devons profiter de ces quelques jours ensemble, dit Iseut.

— Oui, dit Tristan. Après notre arrivée en Cornouailles, notre bonheur finira, mais pas notre amour.

— Non, notre amour ne finira jamais, dit Iseut.

— Jamais, dit Tristan.

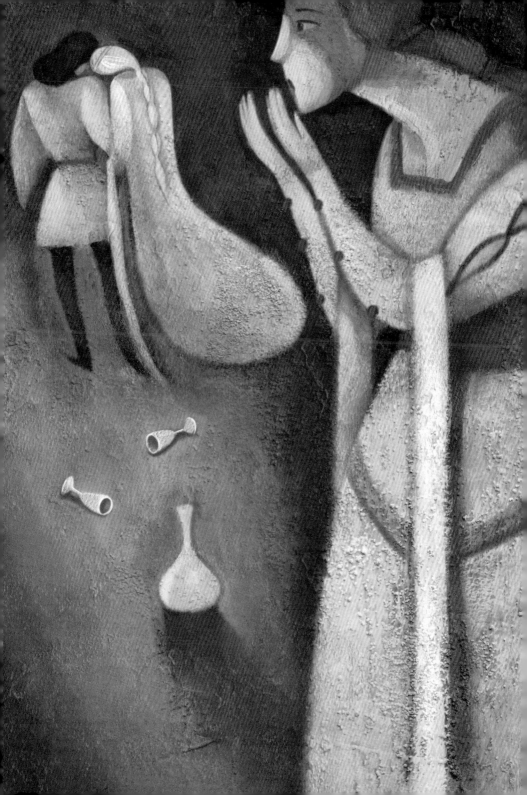

Compréhension écrite et orale

1 Écoutez attentivement l'enregistrement du chapitre, puis associez chaque image à la phrase correspondante.

1 [A] Tristan et Iseut tombent amoureux.

2 [D] La reine prépare un philtre d'amour pour Iseut et le roi Marc.

3 [B] Tristan et Iseut boivent le philtre d'amour.

4 [C] Tristan remporte le tournoi.

Carried off — wins

2 Remettez les images dans l'ordre chronologique du chapitre.

1 [C]   2 [D]   3 [B]   4 [A]

DELF **3** Lisez attentivement le chapitre, puis dites si les affirmations suivantes sont vraies (V) ou fausses (F).

		V	F
1	Tristan a gagné le combat, il peut donc épouser Iseut.		✓
2	La reine prépare un philtre d'amour pour Iseut et le roi Marc.	✓	
3	La reine demande à Brangaine d'accompagner Iseut en Cornouailles.	✓	
4	Tristan et Iseut savent ce qu'il y a dans la bouteille.		✓
5	Tristan et Iseut tombent amoureux l'un de l'autre.	✓	
6	Brangaine dit la vérité à Tristan et Iseut.		✓

Enrichissez votre **vocabulaire**

1 Associez chaque phrase à l'image correspondante.

a Il fait beau.   **c** Il y a du vent.   **e** Il y a des nuages.

b Il pleut.   **d** Il neige.   **f** Il gèle.

1 c   2 a   3 f   4 d   5 e   6 b

2 Quel temps fait-il ?

1 Attention ! Les routes sont glissantes. .... *gèle* ....

2 Si vous sortez, n'oubliez pas votre parapluie ! ..... *pleut* ....

3 Le temps est couvert sur la moitié nord du pays. ..... *nuage* ....

4 N'oubliez pas de mettre de la crème solaire si vous allez à la plage.
..... *il fait beau* ....

5 On prévoit des rafales à plus de 100 Km/h. .... *vent* ....
..... *souffle le vent fort* ....

6 Préparez vos skis, les stations sont ouvertes ! ....
..... *neige* ....

3 Si vous n'avez pas de philtre d'amour, voici un gâteau au chocolat qui fera fondre votre amoureux ou votre amoureuse ! Complétez la recette avec les mots proposés.

fondre   préchauffez   cuire   ajoutez

blancs   montez   mélangez   moule

Le gâteau d'amour au chocolat

Ingrédients pour 4 personnes

- Beurre : 200 g
- Chocolat noir : 250 g
- Sucre en poudre : 250 g
- Amandes en poudre : 100 g
- Maïzena : 3 cuillères à soupe
- Levure chimique : 3 cuillères à café

Préparation

1 .... le four à thermostat 6 (180° C).

2 Cassez les œufs en séparant les .... des jaunes.

3 Mettez les jaunes dans un saladier et réservez trois blancs dans un autre saladier.

4 Ajoutez le sucre aux jaunes et .... jusqu'à ce que cela blanchisse.

5 Faites .... à petit feu, dans une casserole, le chocolat cassé en morceaux avec le beurre, en remuant avec une cuillère en bois.

6 Ajoutez le chocolat fondu au mélange de jaunes d'œuf et de sucre. Mélangez bien.

7 .... la poudre d'amandes, la maïzena et la levure. Mélangez.

8 .... les trois blancs en neige. Incorporez-les délicatement au reste de la préparation à l'aide d'un petit fouet.

9 Versez dans un .... en forme de cœur.

10 Faites .... au four pendant 20 minutes. Démoulez.

Grammaire

Les adjectifs possessifs

Pour exprimer **l'appartenance**, on utilise un adjectif ou un pronom possessif. L'adjectif possessif se place devant le nom.

*Iseut pense à **sa** mère et à **son** père.*

L'adjectif possessif s'accorde en genre et en nombre avec **le nom** et change selon le **possesseur**.

*La reine d'Irlande va dans **son** jardin.*

	SINGULIER		PLURIEL
	Masculin	Féminin	Masculin et féminin
Je	mon	ma	mes
Tu	ton	ta	tes
Il/Elle/On	son	sa	ses
Nous	notre		nos
Vous	votre		vos
Ils/Elles	leur		leurs

Attention !

Devant un nom commençant par une voyelle ou un **h** muet, **ma, ta, sa** deviennent **mon, ton, son**.

*Brangaine est sa dame de compagnie et **son** amie.*

1 Récrivez les phrases en employant un adjectif possessif.

1 L'amour de Tristan et Iseut est impossible.

   ....

2 Iseut aime les histoires de Tristan.

   ....

3 C'est le cheval noir du sénéchal.

   ....

4 C'est un cadeau de la part de la reine.

   ....

5 C'est le philtre d'amour d'Iseut et du roi Marc.

   ....

6 C'est l'épée de Tristan.

   ....

CHAPITRE **6**

La reine Iseut
de Cornouailles

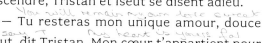

e navire de Tristan arrive à Tintagel. Avant de descendre, Tristan et Iseut se disent adieu.

— Tu resteras mon unique amour, douce Iseut, dit Tristan. Mon cœur t'appartient pour toujours.

— Tu seras la seule personne dans mon cœur, Tristan, dit Iseut.

Puis, ils s'embrassent pour la dernière fois...

Lorsque le roi Marc aperçoit Iseut, il est émerveillé par sa beauté et sa voix douce. Il tombe immédiatement amoureux d'elle. Iseut devient la femme du roi Marc et la reine de Cornouailles. On organise une grande fête et on danse pendant plusieurs jours. Le peuple de Cornouailles aime sa nouvelle reine. Le roi Marc est très heureux avec Iseut, mais Iseut n'est pas heureuse parce qu'elle aime Tristan.

Un an plus tard, un jour de printemps, Iseut chasse dans la forêt avec Brangaine et d'autres nobles.

Le roi Marc appelle Tristan et lui dit :

60

La reine Iseut de Cornouailles

— Iseut et Brangaine chassent dans la forêt, aujourd'hui. Elles ne doivent pas rester seules, car c'est dangereux. Rejoins-les et protège-les. J'ai confiance en toi, Tristan.

Le cœur de Tristan se met à battre très vite quand il entend le nom d'Iseut.

— Très bien, oncle Marc, dit-il. J'irai chasser avec elles.

Pendant la chasse, Brangaine et les nobles prennent des chemins différents dans la forêt.

Tristan et Iseut se retrouvent seuls et ils s'arrêtent près d'une petite rivière. Ils sont toujours aussi amoureux.

— Je suis content car nous sommes seuls, dit Tristan doucement.

— Moi aussi, Tristan, dit Iseut. Mais notre amour n'est pas une bonne chose...

— Je sais, dit Tristan, c'est un amour malheureux et impossible. Mais tu es dans mon cœur et tu y seras pour toujours. Mon amour pour toi est plus fort que ma loyauté envers le roi...

Iseut est très émue. Les deux amants s'embrassent et restent près de la rivière jusqu'au coucher du soleil.

À partir de ce jour, Tristan et Iseut se rencontrent souvent près de la rivière. Un jour, des nobles de la cour les voient. Les nobles sont jaloux de Tristan car c'est le meilleur chevalier de Cornouailles. Ils décident de parler au roi Marc.

— Il ne faut pas faire confiance à Tristan et à la reine Iseut, dit un noble. Je les ai vus assis ensemble dans la forêt, près de la rivière.

— Mon neveu et ma femme sont amis et rien de plus, dit le roi Marc. J'ai confiance en eux.

— Ils ne sont pas seulement amis, Sire, dit un autre noble.

— Je vous interdis de dire des mensonges sur ma femme et mon neveu ! crie le roi Marc, en colère.

Tristan et Iseut continuent à se rencontrer dans la forêt et un jour, le chevalier Andret les voit. C'est un homme méchant qui déteste Tristan. Il va immédiatement parler au roi Marc.

— Tristan et la reine Iseut sont ensemble dans la forêt, dit-il.

— Je ne te crois pas, dit le roi Marc. Tu es un menteur.

— Alors, venez tout de suite avec moi et vous les verrez vous aussi, dit-il.

Le roi Marc monte sur son cheval et suit le chevalier dans la forêt. Ils se cachent derrière les arbres et voient Tristan et Iseut assis près de la rivière. Tristan caresse les longs cheveux blonds d'Iseut.

Maintenant, le roi Marc croit Andret et il est furieux [1]. Le soir, il rassemble tous les nobles :

— Tristan est un traître ! crie le roi Marc. Je l'aimais comme mon fils et j'admirais son courage. J'avais confiance en lui et en la reine Iseut, mais maintenant Tristan doit mourir !

Les yeux du roi Marc sont remplis de larmes.

— Non, il ne doit pas mourir, dit le plus âgé des nobles. Nous n'aimons pas Tristan, mais c'est un chevalier courageux. Nous avons besoin de lui pour combattre. C'est notre meilleur chevalier et le peuple de Cornouailles l'aime beaucoup. C'est leur héros. Si vous le tuez, le peuple vous détestera. Éloignez-le de la cour et si nous avons besoin de lui, nous le rappellerons...

---

1. **Furieux** : très en colère.

— Tu as raison, dit le roi Marc. Il doit immédiatement quitter la Cornouailles et ne plus jamais revoir Iseut. La reine est jeune et elle va très vite l'oublier.

Le roi Marc envoie Tristan loin de la Cornouailles et Iseut est très triste. Elle reste enfermée dans sa chambre et pleure car elle ne peut pas oublier Tristan.

Tristan aussi est très malheureux car maintenant, il est seul au monde. Il ne veut plus être chevalier parce qu'il n'a plus de roi. Il décide alors de devenir ménestrel. Il va de village en village pour jouer du luth et chanter l'histoire de son amour pour Iseut.

Voici la fin de l'histoire du ménestrel. Lorsqu'il arrête de chanter et de jouer du luth, le silence envahit la grande salle du château du roi Arthur.

Compréhension écrite et orale

DELF **1** Écoutez attentivement l'enregistrement du chapitre, puis cochez la bonne réponse.

1 Lorsque Tristan et Iseut arrivent en Cornouailles,
   a ☐ ils se rendent ensemble au château.
   b ☑ ils s'embrassent et se disent adieu.
   c ☐ ils saluent Brangaine.

2 En Cornouailles, Iseut n'est pas heureuse
   a ☑ parce qu'elle aime encore Tristan.
   b ☐ parce que sa famille lui manque.
   c ☐ parce que le peuple la déteste.

3 Tristan et Iseut se rencontrent   *meet each other*
   a ☐ au château.
   b ☑ dans la forêt.
   c ☐ chez un noble.

4 Lorsque le roi Marc découvre la vérité, il veut
   a ☐ tuer le chevalier Andret.
   b ☐ chasser Iseut.
   c ☑ tuer Tristan.

5 Lorsque Tristan quitte le château, Iseut est
   a ☐ contente.
   b ☑ malheureuse.
   c ☐ indifférente.

6 Tristan décide de devenir
   a ☑ ménestrel.
   b ☐ chevalier.
   c ☐ noble.

2 Qui pense quoi et de qui ? Lisez attentivement le chapitre, puis complétez les phrases.

1 .... pense qu'............................ est son unique amour.

2 .... pense que .... sont des menteurs.

3 .... pense que .... est un héros.

4 .... pense que .... ne doit plus revoir Iseut.

5 .... pense qu'............................ oubliera très vite Tristan.

Enrichissez votre **vocabulaire**

1 Associez chaque mot à l'image correspondante.

a   une rivière

b   un fleuve — *tosea*

c   un torrent

d   un lac

e   un ruisseau — *stream*

f   un marais — *marsh*

1 b   2 b   3 a   4 a   5 e   6 c

Production écrite et orale

DELF **1** Avez-vous déjà été trahi(e) ou trahi vous-même un(e) ami(e) ? Racontez.

Le roi Arthur :
histoire ou légende ?

L'histoire de Tristan et Iseut appartient au cycle des légendes arthuriennes ou cycle d'Arthur. On y trouve aussi l'histoire du chevalier Lancelot, qui aimait secrètement la femme du roi Arthur (la reine Guenièvre), celle de Gauvain, de Merlin l'enchanteur, et bien d'autres encore. Le roi Arthur tient une place importante dans ce cycle qui raconte, entre autres, comment, enfant, il a sorti l'épée Excalibur de la roche où elle était plantée.

Le roi Arthur et la reine Guenièvre interprétés par Nigel Terry et Cherie Lunghi dans le film *Excalibur* de John Boorman (1981).

Glastonbury, dans le comté de Somerset, où le roi Arthur serait enterré.

Toutes ces histoires dérivent du livre *Historia regum Britanniae*, écrit par Geoffroy de Monmouth entre 1135 et 1138. À partir de ce texte, de nombreux écrivains anglais et français ont traduit et modifié ces histoires. Aujourd'hui encore, des écrivains et des réalisateurs racontent les histoires du cycle arthurien.

Mais Arthur a-t-il vraiment existé ?

C'est possible. En effet, Nennius, un écrivain du pays de Galles du IXe siècle, a raconté l'histoire d'un chef guerrier appelé Arthur, qui a combattu contre les Saxons. Les soldats romains quittent la Grande-Bretagne pendant la première moitié du Ve siècle, au moment où les Saxons, un peuple provenant de l'actuel Danemark et du nord de l'Allemagne, attaquent l'Angleterre. Un chef local, peut-être quelqu'un qui appartenait à la culture celtique préromaine, s'est battu contre ce peuple. Était-ce Arthur ?

La vie d'Arthur

Si Arthur a vraiment existé, qui était-il exactement ? Malheureusement, nous ne le savons pas.

Les histoires du cycle arthurien racontent des choses différentes. L'une d'entre elles dit qu'Arthur est né à Tintagel, dans le nord de la Cornouailles. Puis, les histoires attribuent différents emplacements à sa capitale, Camelot : les uns affirment qu'elle se trouve au pays de Galles, d'autres soutiennent qu'elle se situe dans le Somerset, un comté dans le sud-ouest de l'Angleterre, d'autres encore disent qu'il s'agit de Winchester, la ville principale du comté de Hampshire, au sud-ouest de Londres. Les histoires racontent que lorsqu'Arthur meurt, des femmes l'emportent sur l'île d'Avalon. Dans la culture celtique, Avalon est un lieu où les personnes généreuses et courageuses vont lorsqu'elles meurent. Certaines personnes pensent encore que c'est un lieu magique !

Compréhension écrite

DELF **1** Lisez attentivement le dossier, puis dites si les affirmations suivantes sont vraies (V) ou fausses (F).

	V	F
1 Le premier livre qui parle du roi Arthur date du XIIIe siècle.		✓
2 Arthur était peut-être un chef guerrier.	✓	
3 Tout le monde sait qui était Arthur.		✓
4 Les histoires du cycle arthurien racontent des histoires différentes.	✓	

Tristan de Loonois

e roi Arthur regarde le ménestrel et dit :

— Ménestrel, pourquoi connais-tu l'histoire de Tristan et Iseut ?

Le ménestrel se lève de son tabouret et dit :

— Parce que je suis Tristan de Loonois !

Dans la grande salle, tout le monde est surpris.

Le roi se lève à son tour et dit :

— Bienvenue à Camelot, Tristan, et bienvenue à la Table ronde ! Il y a longtemps, mon fidèle conseiller Merlin a dit : « Un jour, Tristan sera chevalier de la Table ronde ». Il avait raison ! Regarde, il y a un siège avec ton nom, près de Lancelot. Assieds-toi, Tristan ! Aujourd'hui, c'est un jour important pour nous parce que nous accueillons un nouveau chevalier à la Table ronde.

— C'est un grand honneur pour moi, dit Tristan. Merci, roi Arthur.

Lorsqu'il s'assoit à la Table ronde, les autres chevaliers applaudissent et lui souhaitent la bienvenue.

Tristan devient un important chevalier de la Table ronde et les autres chevaliers l'aiment beaucoup parce qu'il est

Tristan de Loonois

courageux, bon et loyal. Seuls les chevaliers les plus courageux peuvent s'asseoir à la Table ronde.

Tristan combat pour le roi Arthur dans de nombreuses batailles. Il n'est plus seul, mais il est toujours triste parce qu'il n'arrive pas à oublier Iseut. Il pense à elle nuit et jour.

Les années passent et un jour il va en France, en Bretagne. Là-bas, il rencontre la fille du duc Hoel. Elle s'appelle Iseut, Iseut aux Blanches Mains. C'est une belle jeune fille et Tristan l'aime beaucoup.

« Pourquoi est-ce que j'aime Iseut aux Blanches Mains ? pense-t-il. J'aime son sourire ou sa voix ? J'aime ses adorables mains ou son nom ? Est-ce que je suis vraiment amoureux d'elle ? »

Tristan ne sait pas répondre à ces questions, mais il décide d'épouser Iseut aux Blanches Mains. C'est une femme douce et gentille et Tristan est un mari bon et loyal. Mais il n'est pas heureux car il ne peut pas oublier la reine Iseut. Elle est son premier et unique amour.

Iseut aux Blanches Mains le sait et elle est jalouse.

« Pourquoi Tristan ne m'aime pas comme il aime la reine Iseut ? » se demande-t-elle.

Un jour, Tristan se bat pour aider le frère de sa femme, Caherdin. C'est une longue et terrible bataille et Tristan est blessé avec une lance empoisonnée. Sa blessure le rend très malade. Il ne peut plus marcher et il reste longtemps au lit. Mais son état ne s'améliore pas.

— Je suis très malade, dit Tristan à Caherdin, je vais bientôt mourir.

— Non, Tristan, dit Caherdin. Ne dis pas cela ! Tu m'as aidé pendant la bataille et maintenant je veux t'aider. Dis-moi ce que je peux faire.

Tristan et Iseut

— Seule la reine Iseut de Cornouailles peut me soigner car la lance était empoisonnée, dit Tristan, faiblement. Sa mère lui a enseigné les secrets des herbes magiques.

— Alors, je pars immédiatement pour Tintagel. Je vais demander à la reine Iseut de venir ici pour le soigner, dit Caherdin.

— Merci, Caherdin, dit Tristan. Si Iseut accepte de m'aider et rentre avec toi, hisse la voile blanche de ton navire. Mais si elle ne vient pas, hisse la voile noire.

— Très bien, dit Caherdin. Je pars ce soir.

Iseut aux Blanches Mains entend cette conversation et elle est très jalouse.

Caherdin se rend en Cornouailles et parle au roi Marc et à la reine Iseut de la blessure de Tristan.

— Je dois y aller et soigner sa blessure avec mes herbes magiques, dit la reine Iseut. Je suis la seule à pouvoir le sauver !

Le roi Marc regarde sa femme et dit :

— Le temps m'aide à oublier. Je pense que je peux avoir confiance en toi, maintenant, Iseut. Va et soigne la blessure de Tristan.

— Oui, mon Seigneur, dit Iseut. Tu peux avoir confiance en moi.

Iseut et Caherdin quittent la Cornouailles le jour même. Iseut emporte avec elle des herbes et des potions. Quand le navire arrive à proximité du château de Tristan, Caherdin hisse le drapeau blanc. Tristan est très faible et ne peut pas se lever du lit pour regarder par la fenêtre.

Il appelle sa femme et dit :

— Regarde par la fenêtre. Le navire de Caherdin va bientôt arriver. Peux-tu le voir ?

Iseut aux Blanches Mains va à la fenêtre et aperçoit le navire avec une grande voile blanche.

Tristan et Iseut

« Oh non, pense-t-elle. La voile est blanche. La reine Iseut est là ! »

Elle est très jalouse.

— Oui, Tristan, dit Iseut aux Blanches Mains. Le navire de Caherdin est arrivé.

— De quelle couleur est la voile ? demande Tristan, faiblement.

— La voile est… noire ! répond Iseut aux Blanches Mains.

— Oh non ! crie Tristan désespérément. Iseut, mon amour… tu n'es pas venue auprès de moi. Je ne reverrai jamais ton beau visage. Ma très chère Iseut…

Puis, il ferme les yeux et meurt.

La reine Iseut arrive dans la chambre de Tristan et comprend qu'il est mort. Alors, elle s'assoit sur le lit et le regarde pour la dernière fois. Sa tristesse est immense et son cœur se brise. Elle meurt près de lui.

— Qu'est-ce que j'ai fait ! dit Iseut aux Blanches Mains. Ma jalousie les a tués tous les deux !

Elle regrette, mais il est trop tard.

Tristan et Iseut sont enterrés dans la même tombe. Iseut aux Blanches Mains plante deux rosiers, un rouge et un blanc, qui poussent entrelacés sur leur tombe.

Ainsi se termine la grande histoire d'amour de Tristan de Loonois et de la reine Iseut de Cornouailles.

Compréhension écrite et orale

DELF **1** Écoutez attentivement l'enregistrement du chapitre, dites si les affirmations sont vraies (V) ou fausses (F), puis corrigez celles qui sont fausses.

		V	F
1	Tristan et le ménestrel sont une seule et même personne.	☐	☐
	....		
2	Le roi Arthur n'a jamais entendu parler de Tristan.	☐	☐
	....		
3	Tristan ne peut pas s'asseoir à la Table ronde.	☐	☐
	....		
4	Les chevaliers de la Table ronde sont jaloux de Tristan.	☐	☐
	....		
5	Iseut aux Blanches Mains ne sait pas que Tristan aime toujours la reine Iseut.	☐	☐
	....		
6	Tristan est blessé au cours d'une bataille.	☐	☐
	....		

2 Lisez attentivement le chapitre, dites qui a fait quoi ou qui pense quoi, puis expliquez pourquoi.

Tristan : **T**   Iseut : **I**   Iseut aux Blanches Mains : **IBM**
Caherdin : **C**   Le roi Marc : **M**

1 ☐ Il combat pour le roi Arthur. ....
2 ☐ Il est très malade. ....
3 ☐ Il se rend en Cornouailles. ....
4 ☐ Il laisse partir Iseut. ....
5 ☐ Elle se rend en Bretagne. ....
6 ☐ Il hisse la voile blanche. ....
7 ☐ Elle ment à Tristan. ....
8 ☐ Il meurt. ....
9 ☐ Elle plante deux rosiers sur la tombe de Tristan et Iseut.
....

Enrichissez votre **vocabulaire**

1 Observez la Table ronde, puis complétez les phrases avec les noms des chevaliers.

1 Il se trouve entre Antor et Gauvain, c'est ....
....

2 Il se trouve à la gauche du roi, c'est ....
....

3 Ils se trouvent à côté de Pellinore, ce sont .... et
....

4 Il se trouve à la gauche de Lancelot, c'est ....
....

2 Retrouvez le sens des mots ou des expressions soulignés.

1 Il y a un siège avec ton nom, près de Lancelot.

a ☐ Il y a un siège avec ton nom, loin de Lancelot.

b ☐ Il y a un siège avec ton nom, à côté de Lancelot.

2 Il pense à elle nuit et jour.

a ☐ Il pense à elle tout le temps.

b ☐ Il pense à elle de temps en temps.

3 Son état ne s'améliore pas.

a ☐ Il va de mieux en mieux.

b ☐ Son état est toujours le même.

4 Iseut et Caherdin quittent la Cornouailles le jour même.

a ☐ Iseut et Caherdin sont arrivés en Cornouailles le 25 avril, ils repartent le 25 avril.

b ☐ Iseut et Caherdin sont arrivés en Cornouailles le 25 avril, ils repartent le 26 avril.

Production écrite et orale

1 Iseut aux Blanches Mains décide de dire la vérité à Tristan : la reine Iseut est venue avec Caherdin. Imaginez la fin de l'histoire.

1 Remettez les dessins dans l'ordre chronologique de l'histoire.

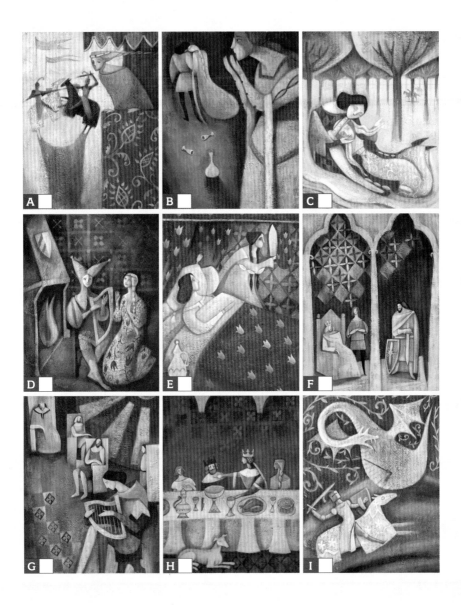

2 Choisissez trois dessins, puis décrivez-les.

☐ ....

....

☐ ....

....

☐ ....

....

3 Pour chaque personnage, écrivez un trait de caractère, une action importante qu'il a accomplie et la conséquence de cette action sur le déroulement de l'histoire.

Personnage	Trait de caractère	Action	Conséquence
Tristan			
Iseut			
Le roi Marc			
Le roi Gormond			
La reine d'Irlande	-		
Le sénéchal			
Brangaine			
Le chevalier Andret			
Caherdin			
Iseut aux Blanches Mains			

4 **Remplissez la grille à l'aide des définitions.**

Horizontalement

3 Celui de Tristan et Iseut est impossible.

5 Il y a du .... dans l'épée de Morhout.

9 Ils sont assis autour de la Table ronde.

11 La reine d'Irlande prépare un .... d'amour pour Iseut et le roi Marc.

12 Synonyme de *courageux*.

Verticalement

1 Comté qui se trouve dans le sud-ouest de l'Angleterre.

2 Contraire de *guerre*.

4 Iseut aux Blanches Mains plante deux .... sur la tombe de Tristan et Iseut.

6 Le roi Marc doit donner trente .... au roi Gormond.

7 Anguin le Rouge est le .... du roi.

8 Synonyme de *soigner*.

10 Tristan apprend à Iseut à jouer de cet instrument.

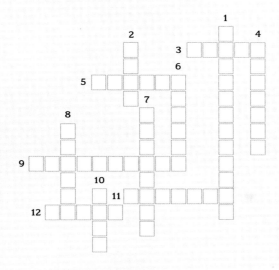